DAVID LIVINGSTONE
AU CŒUR DU CONTINENT AFRICAIN

Un aventurier engagé contre l'esclavage

par Julie Lorang

50MINUTES

Avec la collaboration de Thomas Jacquemin

DAVID LIVINGSTONE

- **Naissance ?** Le 19 mars 1813 à Blantyre (Écosse)
- **Mort ?** Le 1er mai 1873 près du lac Bangwelo (Zambie)
- **Buts de l'expédition ?**
  - Évangéliser les populations africaines
  - Trouver de nouvelles voies commerciales
- **Région du monde explorée ?** Le cœur de l'Afrique australe
- **Découvertes notoires ?**
  - Les chutes Victoria
  - Le fleuve Zambèze

Médecin, missionnaire et explorateur écossais, David Livingstone a sillonné le sud et le centre du continent africain entre 1841 et 1873. À une époque où l'Afrique reste encore largement méconnue des Européens, qui se sont limités à l'exploration de ses côtes, David Livingstone, cherchant un accès navigable qui mènerait au cœur du continent, n'hésite pas à parcourir ces contrées sauvages avec femme et enfants, bravant les nombreux dangers de la savane africaine. En près de 30 ans, l'explorateur écossais entreprend ainsi trois longs voyages et devient le premier Européen à avoir découvert les grands fleuves et les lacs du centre de l'Afrique.

Durant toutes ces années, il tente d'améliorer les conditions de vie des populations locales par l'implantation du commerce et le christianisme. Mais son travail est mis à mal par les grandes puissances européennes qui exploitent et colonisent aussitôt le continent.

Sa forte personnalité, son engagement contre l'esclavage, mais aussi sa mystérieuse disparition ont fait de David Livingstone une légende vivante. Il reste, aujourd'hui encore, l'un des explorateurs les plus célèbres de sa génération et incarne parfaitement la figure de l'aventurier obstiné et courageux.

BIOGRAPHIE

UN RÊVE D'ENFANT

David Livingstone est né le 19 mars 1813 à Blantyre, en Écosse, dans une famille modeste. Il quitte l'école à l'âge de dix ans afin de travailler dans une fabrique de coton, mais poursuit son instruction en assistant à des cours du soir. Autodidacte, il se passionne pour les récits de voyage et les ouvrages scientifiques, et développe rapidement des qualités qui s'avéreront utiles au cours de ses explorations futures.

À l'âge de 20 ans, le jeune homme décide de réaliser ses rêves de voyage en devenant missionnaire en Chine. Élève brillant et assidu, il s'inscrit à l'université de Glasgow et y étudie la médecine et la théologie durant deux ans afin de devenir médecin missionnaire. Malheureusement pour lui, le Royaume-Uni et la Chine entrent en conflit cette année-là, si bien que l'Empire du Milieu décide d'interdire toute nouvelle mission religieuse sur son territoire.

Loin d'abandonner son projet, David Livingstone décide alors de se tourner vers le continent africain et entre en contact avec la *London Missionary Society*. En 1840, il est ordonné pasteur et s'embarque pour une première mission.

UNE VIE DÉDIÉE À L'AFRIQUE

Arrivé en Afrique en tant que missionnaire, David Livingstone s'aventure rapidement en terre inconnue et se découvre une âme d'explorateur. Il espère tout particulièrement trouver une voie navigable qui permettrait aux navires européens de rejoindre le centre du continent pour y faire du commerce et évangéliser la population.

Cette quête occupe David Livingstone durant le restant de sa vie et le pousse à effectuer trois longs voyages sur le continent africain, entre 1840 et 1873. Il devient ainsi le premier Européen à découvrir le fleuve Zambèze et les chutes Victoria et à traverser le continent d'ouest en est. Chaque exploration est pour lui l'occasion de dresser de nouvelles cartographies.

C'est en Afrique que l'Écossais rencontre sa future femme, Mary Moffat (1821-1862), fille du missionnaire anglais Robert Moffat (1795-1883). Le couple se marie en 1845 et donne naissance à six enfants, dont un décède en bas âge. Épouse dévouée, Mary Livingstone suit son mari dans de nombreuses expéditions au cours desquelles elle attrape une malade tropicale qui lui sera fatale.

UNE MORT TRAGIQUE

Lors de son troisième et dernier voyage, David Livingstone perd tout contact avec son pays natal et s'isole au bord du lac Tanganyika. Envoyé sur ses traces, le journaliste Henry Morton Stanley (1841-1904) le retrouve en 1871, malade et sans ressource.

David Livingstone décède de dysenterie le 1er mai 1873, sur les rives du lac Bangwelo, en Zambie. Ses compagnons africains enterrent son cœur et ses entrailles aux pieds d'un baobab et embaument son corps, qui est ensuite rapatrié en Grande-Bretagne. À son arrivée, la dépouille de l'explorateur reçoit les plus grands honneurs et est ensevelie dans la nef centrale de l'abbaye de Westminster.

CONTEXTE POLITIQUE, SOCIAL ET ÉCONOMIQUE

L'ÈRE VICTORIENNE ET L'EMPIRE BRITANNIQUE

Au XIXe siècle, le Royaume-Uni, alors à l'apogée de la révolution industrielle, est l'une des plus grandes puissances européennes et mondiales. L'immense empire de la reine Victoria (1819-1901) couvre à cette époque environ 26 000 000 km² et compte quelque 400 millions d'individus. Outre le Royaume-Uni, il est notamment composé de l'Irlande, du Canada, de l'Inde, d'une partie de l'Afrique du Sud ou encore de l'Australie. Le Royaume-Uni contrôle ainsi la majorité des mers et des océans, ce qui lui permet d'exercer une forte influence sur diverses régions, telles que l'Argentine, l'Empire ottoman ou encore la Chine.

L'ère victorienne est également une période extrêmement florissante au niveau culturel et scientifique, marquée par la naissance de grandes figures comme les écrivains Charles Dickens (1812-1870), Arthur Conan Doyle (1859-1930) et Oscar Wilde (1854-1900) ou encore le naturaliste Charles Darwin (1809-1882). Les inventions issues de la révolution industrielle, comme le bateau à vapeur ou le télégraphe, permettent quant à elles de profiter d'une avance technologique non négligeable sur les autres nations.

Dans un tel contexte, l'exploration de David Livingstone reçoit le soutien du gouvernement britannique, qui espère par ce biais trouver de nouvelles routes commerciales et établir de nouvelles colonies.

L'EXPLORATION DE LA MYSTÉRIEUSE AFRIQUE

Le continent africain est, au XIXe siècle, un territoire mystérieux et peu connu. Bien qu'il existe des comptoirs commerciaux européens sur les côtes africaines depuis longtemps, le cœur du continent reste inaccessible. Seules les côtes sont réparties entre les différentes puissances : les Portugais occupent le sud-ouest (l'Angola) et le sud-est (le Mozambique), alors que les Britanniques et les Boers (descendants des premiers colons néerlandais) cohabitent comme ils le peuvent sur l'actuel territoire de l'Afrique du Sud.

Mais l'inhospitalité de ses terres, les maladies tropicales et l'absence de fleuves facilement navigables empêchent les Européens de s'aventurer plus profondément dans les terres. La carte de l'Afrique reste donc vierge et les connaissances du continent n'ont guère évolué depuis l'Antiquité. Dès lors, beaucoup imaginent le cœur du continent comme une région désertique et peu peuplée. Les rares contacts avec les populations subsahariennes passent d'ailleurs par l'intermédiaire des marchands arabes.

À partir de 1788, l'*Association for Promoting the Discovery of the Interior Parts of Africa* (l'association pour la promotion de la découverte de l'intérieur de l'Afrique) – plus communément nommée *African Association* – est créée à Londres par un naturaliste anglais, Joseph Banks (1743-1820), dans le but de découvrir les sources du fleuve Niger, ainsi que l'emplacement de Tombouctou, grand centre spirituel et intellectuel musulman situé aux portes du désert saharien. Les premières expéditions à caractère scientifique menées dans le continent voient alors le jour, soutenues par plusieurs sociétés ainsi que par les gouvernements nationaux.

Ces missions sont également étroitement suivies et attendues par la population, désireuse d'en apprendre davantage sur le mystérieux continent.

En quelques décennies, ce sont des dizaines d'explorateurs qui se lancent à la découverte du continent africain et qui contribuent ainsi à une meilleure connaissance de sa géographie, de sa végétation et de ses populations. La découverte de nouveaux territoires permet en outre aux Européens de prendre connaissance de ses nombreuses richesses (ivoire, coton, tabac, café, cuivre, thé). Au vu du succès rencontré, l'exploration débouche rapidement sur le début de la colonisation du continent noir par les puissances occidentales, ouvrant un nouveau chapitre de l'histoire africaine.

LE FLÉAU DE L'ESCLAVAGE

Alors que les explorateurs européens s'aventurent toujours plus loin dans le continent, ils constatent que l'esclavage y est bien implanté. S'il est vrai que cette pratique est une constante dans l'histoire de l'Afrique, elle s'est toutefois intensifiée à partir du XVe siècle, avec la découverte de l'Amérique (1492). La traite des Noirs, débutée par les Européens, est un commerce de grande ampleur qui consiste en la déportation de populations africaines asservies vers différentes régions, parfois lointaines, grâce à des réseaux d'approvisionnement bien organisés.

Si plusieurs routes étaient empruntées par les négriers au fil des siècles, avec la découverte des Amériques, les routes menant à la côte occidentale sont privilégiées afin de fournir les colonies européennes en main-d'œuvre servile. À partir de 1834, la traite est toutefois freinée suite à la décision du Royaume-Uni d'abolir l'esclavage dans ses colonies. Grâce à leur hégémonie sur les océans, les Britanniques bloquent ainsi l'ensemble de la côte occidentale africaine afin de mettre un terme à ce trafic d'êtres humains.

Cela ne permet toutefois pas d'arrêter le commerce d'esclaves, qui se déploie cette fois sur les routes orientales, contrôlées par les marchands arabes. Ceux-ci descendent le Nil jusqu'au cœur du continent africain afin d'échanger des armes et des tissus contre de l'ivoire à bas prix et des esclaves. Ceux-ci sont ensuite amenés vers la côte Est et vendus dans le monde arabo-musulman. Ce commerce, qui se révèle particulièrement lucratif, est renforcé par de grands marchés aux esclaves, dont le sultanat de Zanzibar est l'un des principaux centres.

Malgré leur aversion pour la pratique, certains explorateurs sont contraints de s'associer aux négriers arabes afin de voyager sous leur protection. C'est notamment le cas de David Livingstone, dont le journal témoigne de manière édifiante de l'horreur de l'esclavage.

LES EXPÉDITIONS

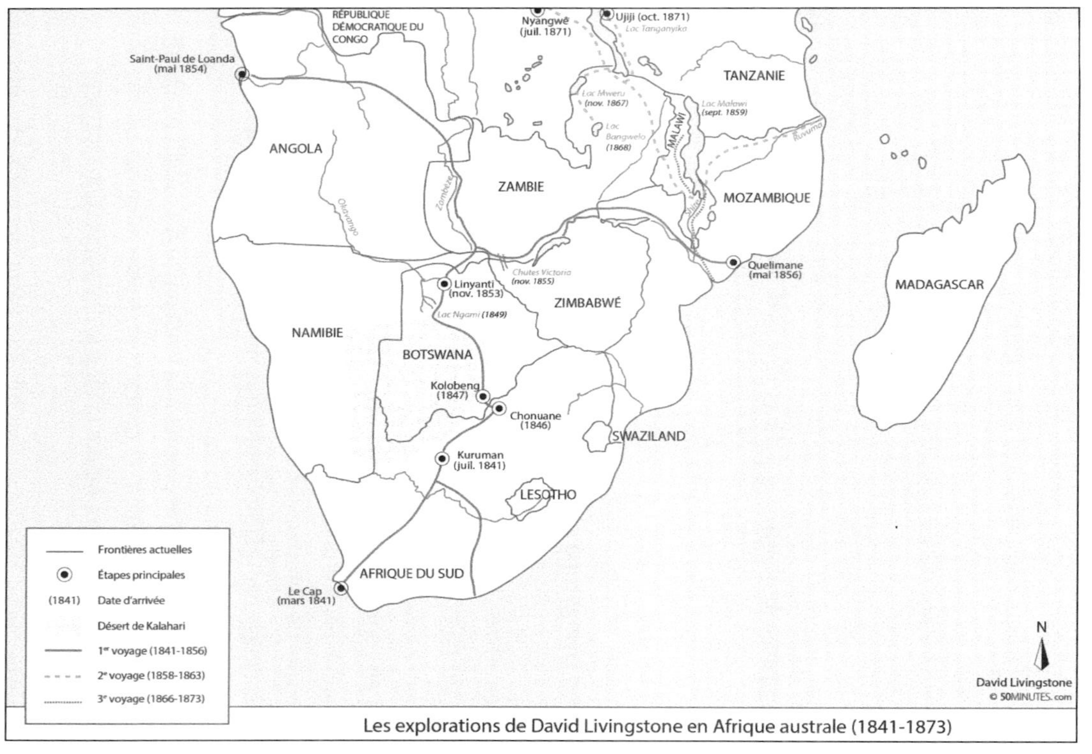

Les explorations de David Livingstone en Afrique australe (1841-1873)

Durant près de trente ans, David Livingstone explore le centre-sud du continent africain, alors méconnu des Européens. Après quelques premières années consacrées à sa vocation de missionnaire, l'Écossais se passionne pour la découverte de nouvelles terres et espère tout particulièrement trouver une région accueillante afin d'y développer des relations commerciales avec l'Europe.

PREMIER VOYAGE EN AFRIQUE DU SUD (1841-1856)

Missionnaire et médecin pour la *London Missionary Society*, David Livingstone embarque le 8 décembre 1840 sur le *George* en direction de la colonie du Cap, en Afrique du Sud. Il ne le sait pas encore, mais il vient d'embarquer pour un voyage de 16 longues années qui changera le reste de sa vie. Après trois mois de navigation passés à étudier les coutumes africaines et à se former à la cartographie, David Livingstone arrive à destination le 14 mars 1841.

À son arrivée, le jeune missionnaire est rapidement déçu de la vie menée par ses pairs au Cap. Les membres envoyés par la *London Missionary Society* y vivent en effet dans le luxe et l'opulence et n'entrent que très peu en contact avec la population locale. Ne pouvant accepter cette situation sans broncher, David Livingstone est envoyé au centre missionnaire de Kuruman, à quelque 800 kilomètres au nord du Cap. Cette base, dirigée par le Dr Robert Moffat, est la station la plus septentrionale d'Afrique du Sud, à la limite des terres sauvages inexplorées. Là-bas, il développe les qualités propres à sa fonction, tout en étant proche de la population. Pour faciliter les contacts et réaliser au mieux ses missions, il juge important d'apprendre la langue des populations locales.

Sur le terrain, il mise beaucoup sur les « agents locaux », des Africains convertis au catholicisme, afin d'évangéliser l'Afrique. Cette vision, audacieuse pour l'époque, est réprouvée par la *London Missionary*

Society, qui refuse toute implication d'Africains dans le processus de christianisation. En développant également le commerce dans la région, il pense pouvoir améliorer les conditions de vie des populations africaines.

En 1843, la *London Missionary Society* demande à David Livingstone de s'aventurer dans le Nord afin d'étendre les missions vers de nouvelles terres. L'Écossais quitte donc Kuruman en août 1843, accompagné de sa future épouse, Mary Moffat, et de quelques Africains convertis. L'équipe parcourt des milliers de kilomètres à travers des terres sauvages et inhospitalières. En 1844, David Livingstone est attaqué par un lion, qui le mord à l'épaule et au bras gauche. Grièvement blessé, il ne doit son salut qu'à son équipe, qui le secourt courageusement.

Durant ce périple, il fait plusieurs découvertes majeures, qu'il cartographie aussitôt :

- le désert du Kalahari (1849) ;
- le lac Ngami (1849) ;
- le fleuve Zambèze (1851) ;
- les chutes Victoria (1855).

Dans le même temps, il devient le premier Européen à avoir traversé l'Afrique d'ouest en est, puisqu'il quitte Saint-Paul de Loanda (actuellement en Angola), le 20 septembre 1854, pour rejoindre l'océan Indien à Quelimane, au Mozambique, le 20 mai 1856. Au fur et à mesure qu'il s'enfonce dans des terres jusqu'alors inconnues, David Livingstone se découvre une âme d'explorateur et s'éloigne d'une simple pratique missionnaire.

Ce premier long périple africain fait de lui une légende vivante au Royaume-Uni, qui, à son retour en 1856, le reçoit avec les grands honneurs. L'année suivante, David Livingstone fait paraître un livre sur ses explorations, *Missionary Travels and Researches in South Africa* (1857), qui connaît un succès immense auprès du grand public.

SECOND VOYAGE DANS LA VALLÉE DU FLEUVE ZAMBÈZE (1858-1864)

Riche et célèbre, David Livingstone repart en Afrique en 1858 afin d'explorer plus longuement la vallée du Zambèze et y trouver la route commerciale tant recherchée. L'objectif de ce second périple n'étant plus purement l'évangélisation, la *London Missionary Society* refuse de le soutenir. C'est donc le gouvernement britannique lui-même qui finance le voyage, attiré par les potentielles perspectives commerciales du fleuve Zambèze.

Lors de ce second voyage, David Livingstone est accompagné d'une équipe scientifique composée d'un géologue, d'un botaniste, d'un physicien et d'un dessinateur. Il est également entouré de son épouse et de son frère, Charles Livingstone (1821-1873), qui est nommé assistant général et secrétaire de l'exploration.

Alors que la mission débute sous de bons auspices, la situation se complique lorsque le groupe quitte le delta du Zambèze et se trouve bloqué par une série de rapides qui rendent le fleuve impraticable. L'explorateur tente alors sa chance sur un autre fleuve, le Shire, mais c'est un nouvel échec. Malgré les réticences de l'équipe, David Livingstone s'obstine et décide de continuer l'exploration de la région jusqu'au lac Nyassa (aujourd'hui le lac Malawi). Là, il pense enfin avoir trouvé une région favorable à son projet : les terres sont fertiles, la zone paraît stable pour le commerce, la température est idéale et la malaria ne semble pas être présente dans la région. Mais c'était sans compter sur les tribus locales qui se déchirent et la présence d'autres maladies, qui font plusieurs victimes, dont Mary Livingstone en 1862.

Ce second voyage en Afrique est un échec total et la popularité de David Livingstone en pâtit. Rien ne pourra changer cela, pas même la découverte du lac Malawi le 16 septembre 1859 et les nouvelles connaissances acquises. Le gouvernement britannique juge en effet sa mission vaine et décide de lui couper les vivres et de le faire rentrer au pays. Cette fois-ci, l'accueil qui lui est réservé à son retour en 1864 est glacial : personne ne l'attend et aucun honneur ne lui est rendu. David Livingstone est désormais seul et démuni.

DERNIER VOYAGE SUR LES RIVES DU LAC TANGANYIKA (1866-1873)

Bien qu'il ait perdu sa réputation et son argent, l'explorateur garde l'espoir de trouver un jour la route fluviale qui mènerait au centre de l'Afrique et concentre ses recherches sur la localisation des sources du Nil. Cette quête, qui touche à l'obsession, pousse l'Écossais à s'aventurer une fois de plus sur le continent noir.

Mais cette troisième et dernière expédition est bien différente de la précédente : David Livingstone est désormais livré à lui-même, et ses moyens financiers sont limités. Seul, l'explorateur est contraint de renier ses principes et de s'allier à des marchands d'esclaves arabes afin de pouvoir continuer sa progression vers l'intérieur du continent en toute sécurité. L'Écossais est pourtant un grand opposant de l'esclavage, qu'il a vigoureusement dénoncé depuis son premier voyage sur le continent africain.

En 1871, il est témoin d'un sanglant événement dans le petit village de Nyangwé (dans l'actuelle république démocratique du Congo). Suite à un différend entre un marchand arabe et des villageois, un terrible massacre est perpétré par les négriers en plein marché. En quelques minutes à peine, plusieurs centaines de personnes, dont des femmes et des enfants, sont tués. Choqué et ne sachant que faire, David Livingstone décide de rapporter les événements avec les moyens du bord, utilisant du jus de baie comme encre et du papier journal recyclé comme support à son récit. Ses notes se font l'écho de toute la terreur que cet épisode a suscité en lui. David Livingstone, qui espérait abolir l'esclavage grâce au développement du christianisme et du commerce dans la région, vient d'assister aux terribles conséquences de la traite négrière. Écœuré et malade, il décide d'interrompre sa quête et se retire à Ujiji sur les bords du lac Tanganyika (Tanzanie), perdant tout contact avec son pays d'origine.

Au Royaume-Uni, la population s'interroge sur son sort et beaucoup l'imaginent mort. Afin de lever le voile sur la disparition du Dr Livingstone, le journal *New York Herald* décide de financer une mission en Afrique, dirigée par le journaliste Henry Morton Stanley et destinée à retrouver l'explorateur. Après de longs mois de recherche, les deux hommes se rencontrent à Ujiji, le 28 octobre 1871. Ils passent cinq mois ensemble sur les rives du lac Tanganyika et deviennent amis. Lorsque le journaliste propose à David Livingstone de rentrer en Europe avec lui, ce dernier refuse en raison de son état de santé. Avant qu'il ne parte, l'explorateur lui confie son journal comprenant le récit du massacre de Nyangwé afin que celui-ci soit diffusé en Europe.

Le 1er mai 1873, David Livingstone succombe à la dysenterie sur ce continent qu'il a tant aimé. Son dernier périple verra quelques-uns de ses compagnons africains porter sa dépouille durant huit mois afin de rejoindre la côte, puis d'embarquer à destination du Royaume-Uni.

LE SAVIEZ-VOUS ?

Lorsque Henry Morton Stanley est envoyé sur les traces de David Livingstone en Afrique, il ne connaît rien de ce continent. Au terme de cinq mois passés en compagnie de ce dernier, le journaliste retourne au pays et publie son livre, *Comment j'ai retrouvé Livingstone* (1870-1871).

Il effectue ensuite, pour le compte du roi Léopold II de Belgique (1835-1909), un grand nombre d'expéditions au Congo au cours des années 1870. Représentant du roi dans ces régions d'Afrique, Henry Morton Stanley acquiert pour lui de vastes territoires en faisant signer aux chefs indigènes des documents qu'ils ne comprennent pas. Il découvre également une série de rapides dans l'actuelle république démocratique du Congo, qu'il nomme les « chutes Livingstone » en mémoire de son ami.

RÉPERCUSSIONS

DES AVANCÉES SCIENTIFIQUES

Les explorations de David Livingstone ont amélioré les connaissances des Européens sur l'Afrique. Si jusqu'alors, les cartes géographiques se limitaient aux côtes africaines explorées par les Portugais, l'explorateur s'est aventuré au cœur du continent et a répertorié toutes ses découvertes dans les atlas de l'époque. Ses recherches ont ainsi prouvé que le centre de l'Afrique n'était pas désertique, mais bien constitué de nombreux lacs et fleuves, parmi les plus grands au monde.

Ses voyages ont également permis à la médecine d'évoluer dans le domaine des maladies tropicales. Bien que l'explorateur n'ait pas mis au point le traitement visant à limiter l'avancée de la malaria, il a tout de même popularisé l'utilisation de la quinine. Désormais, de nombreux Européens utilisent le remède lors de leurs déplacements en Afrique.

LE DÉBUT DE LA COLONISATION

Le grand rêve de David Livingstone était de développer le christianisme et le commerce en Afrique afin, pensait-il, d'améliorer les conditions de vie des populations locales et de mettre fin à l'esclavage. S'il n'a jamais eu l'occasion de le voir de son vivant, une forme de commerce a bel et bien débuté entre les deux continents. En effet, grâce au travail d'explorateurs tels que David Livingstone, les puissances européennes ont rapidement manifesté de l'intérêt pour les matières premières présentes sur le continent africain, comme le cuivre, le thé, le coton, le café ou encore le tabac.

Or, plutôt que d'établir un commerce sain et avantageux pour les populations locales, l'Europe s'est empressée de se partager le continent africain et ses richesses. Ainsi, contrairement à ce que pensait David Livingstone, l'exploration de l'Afrique a directement mené à la colonisation et à l'exploitation de celle-ci et n'a pas permis d'améliorer les conditions de vie des populations locales.

L'ABOLITION DE L'ESCLAVAGE

David Livingstone avait également à cœur de mettre un terme à l'esclavage qui sévissait sur le continent africain. Lors de son troisième voyage, l'explorateur avait d'ailleurs été le témoin du tragique massacre perpétré au village de Nyangwé par des négriers arabes. Son témoignage a particulièrement touché les Européens et a mis le sujet de l'esclavage africain à l'ordre du jour, si bien qu'en juin 1873, quelques semaines après le décès de l'explorateur, le Royaume-Uni signait un traité avec le sultan de Zanzibar afin de mettre un terme au dernier marché libre d'esclaves.

LE SAVIEZ-VOUS ?

David Livingstone est resté cher aux populations des régions qu'il a explorées en raison de son engagement contre l'esclavage. L'explorateur a ainsi donné son nom à la ville de Livingstone, située en Zambie, à proximité des chutes Victoria. La ville abrite d'ailleurs un musée en son honneur, le Livingstone Museum, créé en 1934.

EN RÉSUMÉ

19 mars 1813	Naissance de David Livingstone
8 déc. 1840	Départ pour l'Afrique
1852	Début de la grande expédition qui le verra traverser l'Afrique d'ouest en est
1856	Retour en Angleterre
1857	Publication de *Missionary Travels and Researches in South Africa*
1858	Début du deuxième voyage
16 sept. 1859	Découverte du lac Malawi
1864	Fin du deuxième voyage
1866-1873	Troisième et dernier voyage
1er mai 1873	Décès de David Livingstone

- David Livingstone est un médecin et un missionnaire écossais, qui a exploré le centre de l'Afrique australe entre 1840 et 1871.
- Les buts de ses expéditions sont multiples. L'explorateur désire évangéliser les populations africaines, découvrir de nouvelles routes commerciales vers le centre de l'Afrique et abolir l'esclavage.
- Lors de son premier voyage (1840-1856), David Livingstone devient le premier Européen à traverser l'Afrique d'ouest en est et découvre les chutes Victoria ainsi que le fleuve Zambèze. Ces découvertes permettent à l'explorateur de devenir célèbre.

- Le deuxième voyage, visant à trouver une nouvelle voie commerciale, s'avère toutefois un échec. Son épouse décède durant l'expédition et l'explorateur est accusé d'irresponsabilité. Comprenant que l'évangélisation n'est pas le seul but de ses voyages, la *London Missionary Society* refuse de financer une nouvelle expédition, laissant David Livingstone seul et sans ressource.
- Le troisième et dernier voyage de l'Écossais (1866-1873) est marqué par le massacre du village de Nyangwé. Le témoignage qu'il en fera permet de sensibiliser l'Europe à la question de l'esclavage et pousse le gouvernement britannique à signer un traité avec le sultanat de Zanzibar afin de mettre un terme au trafic organisé d'esclaves.
- David Livingstone perd ensuite tout contact avec l'Europe. Une mission de recherche, menée par le journaliste Henri Molton Stanley, est organisée afin de retrouver sa trace, en 1870. Cet épisode de sa vie a grandement contribué au mythe qui l'entoure encore aujourd'hui.
- Refusant la proposition du journaliste de rentrer au Royaume-Uni avec lui, David Livingstone termine ses jours en Zambie, en 1873.

POUR ALLER PLUS LOIN

SOURCES BIBLIOGRAPHIQUES

- ARDAGH (Philip), *Explorers*, Londres, Belitha Press, 2003.
- « David Livingstone (1813-1873) », in *BBC*, consulté le 20/03/2014. http://www.bbc.co.uk/history/historic_figures/livingstone_david.shtml
- HEPPLEWHITE (Peter) et TONGE (Neil), *Livingstone and the Victorian Explorers*, Hove, Wayland, 1997.
- JEAL (Tim), *Livingstone*, New Haven et Londres, Conn/ Yale University Press, 2013.
- *Livingstone Online. Explore the manuscripts of David Livingstone*, consulté le 20/03/2014. http://www.livingstoneonline.ucl.ac.uk/
- PACHE (Théodore), *David Livingstone. La grande épopée africaine. 1813-1873*, Lausanne, Éditions La Concorde, 1942.
- PETTITT (Clare), *Dr. Livingstone, I Presume ? Missionaries, Journalists, Explorers, and Empire*, Cambridge, Harvard University Press, 2007.
- ROSS (Andrew), *David Livingstone : Mission and Empire*, Londres, Hambledon and London, 2002
- TURNER (Peter), *Livingstone : A beginner's guide*, Londres, Hodder and Stoughton, 2002.
- WORDEN (Sarah), *David Livingstone. Man, Myth and Legacy*, Edimbourg, NMS Enterprises, 2012.

SOURCES COMPLÉMENTAIRES

- GRIFFITHS (James), *Livingstone's Africa: Yesterday and Today*, Londres, Epworth, 1958.
- HUMBLE (Richard), *The Travels of Livingstone*, Londres, Watts, 1991.

- HUNT (Patricia), *David Livingstone. Missionary to Africa*, Alton, Hunt and Thorpe, 1992.
- LISTOWEL (Judith), *The Other Livingstone*, Lewes, Friedmann, 1974.
- LIVINGSTONE (David), *Livingstone's Private Journals. 1851-1853*, Londres, Chatto and Windus, 1960.
- LIVINGSTONE (David), *Livingstone's Missionary Correspondence. 1841-1856*, Londres, Chatto and Windus, 1961.
- NORTHCOTT (Cecil), *David Livingstone : His Triumph, Decline and Fall*, Guildford, Lutterworth, 1973.
- STANLEY (Henry Morton), *Comment j'ai retrouvé Livingstone*, Paris, Fayard, 1979.

FILMS ET DOCUMENTAIRES

- *Stanley et Livingstone*, film de Henry King et Otto Brower, avec Spencer Tracey, Cedric Hardwicke et Walter Brennan, États-Unis, 1939.
- *The Last Explorer. Livingstone*, documentaire de Phil Carney, avec Neil Oliver, Royaume-Uni, 2011.
- *Le Journal perdu du docteur Livingstone*, documentaire de Melisa Akdogan, Royaume-Uni, 2013.

MUSÉE

- Le Livingstone Museum à Livingstone (Zambie).

www.50minutes.com

Éditeur responsable : Lemaitre Publishing
Rue Lemaitre 6 | BE-5000 Namur
info@lemaitre-editions.com

ISBN ebook : 978-2-8062-5465-8
ISBN papier : 978-2-8062-5643-0
Dépôt légal : D/2014/12603/73
Photo de couverture : réputée libre de droits.

Conception numérique : Primento,
le partenaire numérique des éditeurs